AF503480

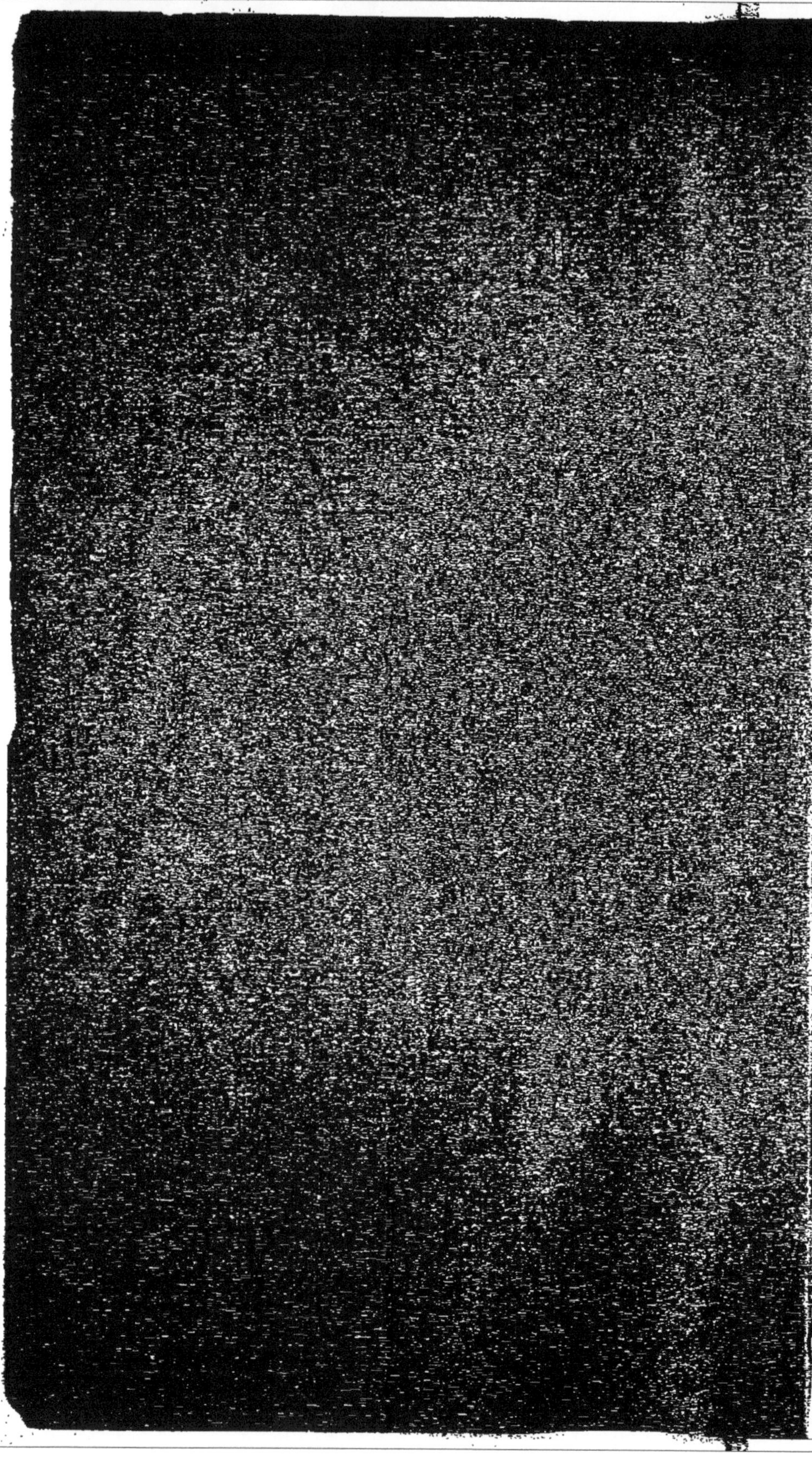

THÈSE

POUR

LA LICENCE

L'ACTE PUBLIC

SUR LES MATIÈRES CI-APRÈS SERA PRÉSENTÉ ET SOUTENU

Le mardi 3 août 1875, à 8 heures,

PAR

Gabriel NORADOUNGHIAN

Né à Constantinople (Turquie).

Président : M. DEMANTE, *Professeur.*

Suffragants :
MM. COLMET DE SANTERRE,
LABBÉ, } *Professeurs.*
BOISTEL,
CAUWÈS, } *Agrégés.*

Le Candidat répondra en outre aux questions qui lui seront faites
sur les autres matières de l'enseignement.

PARIS

IMPRIMERIE DE E. MARTINET

RUE MIGNON, 2

1875

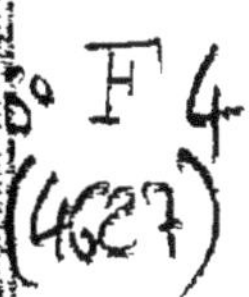

[illegible]

[illegible]

[illegible]

[illegible]

[illegible]

[illegible]

[illegible]

MEIS ET AMICIS

JUS ROMANUM

DE DISTRACTIONE PIGNORUM VEL HYPOTHECARUM

(Dig. liv. XX, tit. V. — Cod. liv. VIII, tit. XXVIII.)

Romæ, prisca ætate, qui ex jure Quiritium se alii nectebat, seipsum quidem seu ipsam personam ipsumque corpus obstringebat, non autem suam rem familiarem. Nexi qui rite debitum non solverunt, in jure creditori addicebantur et in ejus domum adducti compedibusque vincti uti mancipia laborabant.

Elapsis sexaginta diebus ac non interim secuta debiti solutione, addictus aut venundari aut occidi poterat, quæ sors debitorum miserrima conturbatam rempublicam longis annis, labefactavit.

Venit tandem lex Pariria, qua, ut ait Titus Livius, « plebi Romanæ veluti aliud initium libertatis factum est. »

Ea lege cautum est ut in posterum pecuniæ creditæ debitoris bona tantum, non autem corpus obnoxia essent. Debitor creditori rem suam mancipando vel in jure cedendo, contracta fiducia, pignus constituebat. Sic nexarum rerum ad creditorem dominium transibat, et ab eo, vi contractæ fiduciæ, debitori solventi remancipari debebat.

Huic autem pignoris formæ, quæ usque ad jurisconsultorum tempus invaluit, magna inhærebant incommoda; nam rei mancipatæ, fiducia spreta, dominium alii recte transferendi, quando vellet, creditori facultas erat. Ideo non multo post invaluit alter pignoris modus quo rei pignori traditæ possessio tantum ad creditorem transibat, dominio autem apud debitorem remanente : bonæ fidei contractus, quo creditori res traditur ut, pecunia non soluta, is eam distrahat et ex pretio debitum consequatur.

Hypotheca postremo constituta est qua pignori rei traditæ possessio ad creditorem non transibat, sed permanebat apud debitorem. Hypotheca igitur est jus in re aliena apud dominum manente creditori concessum quo is, debito non soluto, eam contra quemlibet possessorem persequi, et in ejus pretio, exclusis cæteris creditoribus, sibi satisfacere potest.

Ex his sequitur ut inter se pignus et hypotheca pene tantum in eo differant quod in pignore rem oppigneratam creditor possideat, in hypotheca vero debitor. Si vero jus creditoris consideremus : « Inter pignus et hypothecam, ut ait Marcianus, tantum nominis sonus differt. » Quemadmodum rem pignori traditam, ita et hypotheca nexam creditor distrahere potest.

Rem sibi pignori obligatam distrahendi et id pretio excipiendi quod sibi debetur facultas creditori concessa occurrit, si præcipuam juris hypothecarii utilitatem quærimus. Jus pignoris in eo potissimum consistit.

Hæc autem venditio, jure pignoris facta, omnes obligationes, quibus res nexa erat dissolvit liberumque rei dominium in emptorem transfert si penes eum fuit qui eam pignori dedit.

Hanc materiam in duas partes dividemus.

Loquemur : 1° De his quæ requirantur ad pignoris distractionem.

2° De effectu distractionis pignorum.

PARS PRIMA

DE HIS QUÆ REQUIRANTUR AD PIGNORIS DISTRACTIONEM.

Non necesse est creditorem de distrahendo pignore convenisse ut distrahere possit, jus enim distrahendi pignorum naturæ atque hypothecarum inhæret et sine illo pignus non est pignus aut inutile est et futile.

Attamen, multum interest an creditor distractionem stipulaverit, necnè.

Nam si de distractione expresse convenerit, tres denuntiationes non sunt necessariæ, si non convenerit, ter suo debitori denuntiare debet, antequam vendat, ut pignus luat. Si convenerit ne distraheretur, prioribus temporibus pactioni stabatur, et creditor si distraxisset, furti tenebatur; sed postea hæc pactio pro nulla habitatio fuit, et non solvente debitore, creditor distrahere potuit sed tantum post tres denuntiationes factas debitori (Paul, *Sent.*, § 7, 12, 13).

Sed ea conventio ne pignus distraheretur, si in pignore contrahendo non est interposita, deinde non exprimi potest, invito creditore. Non magis valet denuntiatio a debitore facta creditori ne pignus distrahatur, nisi universum tam sortis quam usurarum debitum offerat; nam si modicum de sorte vel usuris in debito perseveret, distractionem rei obligatæ impedire debitor non potest, atque hac ratione, pignoris emptor quamvis interpositam debitoris denuntiationem noscat, non malæ fidei fit possessor.

Creditor qui potior est in pignore illud distrahere potest idemque jus transmittit heredibus. Si creditori priori plures sunt heredes, quorum unus ea debitore quod sibi hereditaria parte debetur accepit, cæterorum unicuique rem totam pigneratam distrahere fas est, dummodo debitori restituat, quod coheredi solverit. Sic, divisis hereditariis corporibus inter heredes, et debitorum communium nominibus separatim singulis in solidum assignatis unusquisque eorum, cessantibus debitoribus, pro solido pignus distrahere potest.

Non autem secundo in pignore creditori rem pigneratam licet distrahere venditioni, nisi priori satisfacere offerat, non obstare poterit. Sed tamen, si in locum prioris vel solutione, vel aliis modis successerit, recte venditionem facit.

Si creditor in pignore secundus rem sibi pigneratam distrahere non potest, multo minus poterit creditor cui nullatenus est obligata. Hoc etiam patet creditoris creditorem pignus non distrahere posse nisi pignoris jus illi datum sit pignori.

Si rem pignori datam debitor, creditore non interveniente, vendiderit, etiamsi priori creditori pretium constituerit esse solvendum, hac venditione jus pignoris non evanescit; unde pignerata res non liberatur, posteriorque

creditor eamdem sibi obligatam, emptori offerando quidquid ad priorem creditorem de pretio pervenerit et medii
temporis usuras, persequi potest. Idemque juris est, si
debitor rem priori creditori in solutum dedit aut vendidit,
secundo, oblata pecunia, eadem distrahendi facultas concessa est.

Non solum ob sortem non solutam, verum etiam ob
cætera, veluti usuras, et quæ impensa sunt creditori competit jus distrahendi pignoris. Quamdiu non est integra
pecunia creditori numerata, is, etiamsi pro parte majore
eam consecutus sit, distrahendi rem obligatam non amittit
facultatem.

Tunc demum pignus distrahi potest quum debitum pro
quo contractum est exigi potest; atque quum solvendæ
pecuniæ dies pacta profertur, convenisse videtur ne prius
vendendi pignoris facultas exerceatur. Sed etsi jam aliquid
exigi possit si ut non post certum tempus res distrahi possit
convenerit, adhuc illud tempus expectandum erit.

Non autem potest creditor pignus distrahere quum in
mora est accipiendi, multo minus quum, eo nolente acci-
pere quod ei debetur, obsignatum fuerit, modo duret
obsignatio.

Creditoris arbitrio permittitur ex pignoribus sibi obli-
gatis ea quæ velit ad suum commodum distrahere; si
tamen inter res pigneratas aliæ specialiter, aliæ generaliter
obligatæ fuerint, ab his quæ specialiter datæ sunt inci-
piendum est.

Ante omnia quærendum est an in possessione sua pignus
creditor teneat, necne. Si rem non teneat sponte sua occu-
pare non potest, sed Serviana actione persequi debet. Si
autem pignus teneat, illud sine magistratus auctoritate

distrahere potest, dummodo debitorem certiorem faciat et bona fide venditionem agat.

Tres debitori denuntiationes jubebat antiquum jus nisi in contrahendo pignore convenisset ut, debito intra certum diem non soluto, distrahere liceret.

De his aliud sancivit Justinianus, scilicet, si quid inter debitorem convenit de distrationis forma, eam formam observes ; si autem convenit ne distrahas, ter denunties ; si nihil tandem convenit, una denuntiatio vel judicis sententia sufficit, ita tamen ut post biennium tantum distrahas, ex die in quo hæc attestatio missa, vel judicis prolata est sententia.

Qui pignus dedit illud a creditore emere non potest, nam rei suæ inutilis est imptio. Debitoris quoque filius, etsi peculiaribus nummis emit, prohibetur ; nil enim sibi acquirere potest qui in potestate est patris, et quum emit perinde est ac si emerit pater.

Creditor non potest ipse et venditor et emptor pignoris esse. Si per suppositam personam creditor pignus suum, invito debitore, comparaverit, emptio non videtur ; sed consentiente vel distrahente debitore, emit jure creditor dummodo dolo aut vi usus esse non arguatur.

Quum posterior creditor a priore pignus emit, non tam acquirendi dominii quam servandi pignoris sui causa intelligitur pecuniam dedisse, et ideo offerri ei a debitore potest. Haud aliter si fidejussori debitoris res distracta est, hic quasi mandatoris officium, liberandi debitoris causa, explevisse censetur : fidejussor juri pignoris successisse videtur.

PARS SECUNDA

DE EFFECTU DISTRACTIONIS PIGNORUM

Emptor qui prædium obligatum a creditore comparavit, si in vacuam possessionem inductus non est, nullam in rem actionem habet. Si autem, pignore a creditore distracto et tradito, possessione exciderit emptor, non creditori actio in rem competit ejus rei persequendæ causa, nam hanc desiit habere, sed emptori qui factus est traditionis dominus.

Debito soluto, non licet debitori pignus recuperare, et emptorem de ejus proprietate evincere, nisi hoc expresse stipulatum fuerit; nec potest rescindi venditio nisi debitor sit annis vigenti quinque minor, aut pupillus, aut reipublicæ causa absens.

Pariter quum prior creditor pignus jure conventionis vendidit, secundo creditori non offerendæ pecuniæ jus superest.

Et quidem nec prætextu fraudis cujus emptor non conscius fuerit, revocari res ab eo potest. Si vero fraudis particeps emptor, is a debitore, si creditor solvendo non fuerit, poterit conveniri ut, recepto pretio, rem restituat damnique rationem habeat.

Jus suum emptori transferre, non ob evictionem defendere, nisi aliter convenerit, tenetur creditor qui rem sibi obligatam distraxit. Unde actionem pigneratitiam quam contra debitorem habet creditor cedere emptori cogitur.

Æquum visum est enim emptorem consequi quod sine dispendio creditoris futurum est.

Quum pretium rei distractæ sortem debitam et usuras excedit, debitori, quod superest, cogi potest, actione pigneratitia restituere creditor. Etenim, nullum in rebus quas ex residuo pretio comparaverit creditor nec dominii, nec pignoris jus debitor consequetur.

Si creditor fundum pignori datum distraxerit, quantumque ei debebatur receperit, debitor liberabitur, quum autem creditor nec accepto tulit, nec novavit, dummodo nulla culpa imputari creditori possit, debitor manet obligatus; quia ex necessitate facta venditio non liberat debitorem, nisi creditor sortem debitam et usuras perceperit.

Quum autem pignus vendidit creditor, in quid potissimum imputatur illud pretium? De ea ita Florentinus : « Quum et sortis nomine usurarumque aliquid debetur, ab eo qui sub pignoribus pecuniam debet, quidquid ex venditione pignorum recipietur, primum usuris quas jam tunc deberi constat, deinde si quid superest sorti accepto ferendum est. »

Quid autem juris si in pignore alienam rem dederit debitor, et eam debitor vendiderit? An pretium quod percepit creditor liberet debitorem personali actione pecuniæ creditæ? Si venditio facta ea lege est ne evictionis nomine creditor obligaretur, erga creditorem liberatur debitor. Sed erga rei dominum, si nondum pignus evictum est, aut erga emptorem post evictionem, tenetur utili actione ipse debitor, ne ex aliena jactura sibi lucrum acquirat.

Rescisa venditione, rei dominium, seu ad dominum si res non debitoris est, seu ad debitorem revertitur.

Olim in contrahenda fiducia debitori et fiduciario, pascisci fas erat ut, si intra certum diem pecunia soluta non fuisset, rei dominium ipso facto apud creditorem committeretur; hæc vero lex, quæ commissoria dicebatur, in contrahendis pignore aut hypotheca dici minime poterat.

Unde introducta est creditori facultas impetrandi a principe, ut rem sibi pignoris ant hypothecæ gratia obligatam dominii jure retineret.

Rei obligatæ a judice fit æstimatio, liberaturque debitor usque ad hanc æstimationem. Si pluris est quam quod debetur, id quod pluris est refundere creditor debet.

POSITIONES.

I. — Quamvis de distrahendo pignore non convenerit creditor ei tamen hoc vendere licet.

II. — Cum posterior creditor a priori pignus emit, non tam acquirendi dominii quam servandi pignoris causa intellegitur pecuniam dedisse.

III. — Pignoris distractio non liberat debitorem si creditor, cui nulla culpa imputari potest, ab emptore pretium consequi non potuit.

———

DROIT CIVIL FRANÇAIS

DE L'EFFET DES PRIVILÉGES ET HYPOTHÈQUES
CONTRE LES TIERS DÉTENTEURS

(Cod, civ., art. 2166-2179.)

INTRODUCTION

D'après une ancienne règle « qui s'oblige oblige le sien », règle que cependant il ne faut pas prendre dans un sens tout absolu, l'universalité des biens du débiteur forme le gage commun de ses créanciers. Ce principe puisé dans la loi naturelle, basé sur la paix et la sécurité publique, a été de tous les temps et de tous les lieux. Et, en effet, qu'elles n'auraient pas été les conséquences, malheureuses et déplorables sans doute, si l'on avait tout simplement admis que le débiteur ne serait tenu de ses engagements qu'en vertu de sa conscience ou de son for intérieur et que rien au monde ne pourrait le forcer à respecter ses devoirs et à tenir ses promesses.

Le Code a donc bien fait de reproduire ce principe d'une manière générale dans l'art. 2092 ainsi conçu :

« Quiconque s'est obligé personnellement est tenu de remplir son engagement sur tous ses biens mobiliers et immobiliers présents et à venir. » Tel est le droit commun.

Il en résulte que la loi offre deux garanties aux créanciers : 1° la personne du débiteur ; 2° les biens de ce débiteur. La première, il est vrai, est plutôt morale qu'effective, puisque depuis l'abolition de la contrainte par corps et à part certains cas tout à fait exceptionnels et expressément déterminés, on n'a plus de moyens de coercition contre la personne du débiteur qui a manqué de tenir ses obligations. La seconde garantie est à la fois plus importante et plus efficace : importante, parce qu'elle a pour base l'universalité des biens présents et à venir ; efficace, car elle donne aux créanciers le droit de saisir tout ce qui forme sa propriété, sauf bien entendu les exceptions admises par les lois, et de se faire payer sur le prix. C'est là une conséquence pratique qui influe favorablement sur la marche des affaires, et l'on peut dire que, en général, ce sont les biens du débiteur qui fixent la considération de sa signature et l'importance de son crédit.

Cependant ces garanties peuvent ne pas suffire au créancier qui veut être sûr du payement intégral de sa créance : il craint que l'avoir de son débiteur ne puisse couvrir entièrement ses dettes, qu'il ne soit alors obligé de subir le concours des autres créanciers et ne toucher quelquefois même qu'un dividende illusoire. Que doit-il faire pour échapper à ces dangers, pour que sa situation ne soit pas périlleuse et risquée ? Il n'a qu'à exiger, en se mettant en dehors du droit commun, soit des sûretés *personnelles*, telles que l'intervention d'une ou de plusieurs cautions, d'un ou de plusieurs codébiteurs solidaires ; soit des sûretés *réelles* consistant dans l'affectation spéciale d'un ou de plusieurs biens au payement de la dette, telles qu'un gage, une antichrèse, une hypothèque. Parfois même, par une sollicitude due à des considérations d'ordre élevé, la loi accorde, de son propre mouvement, à raison de certains faits, soit un privilége, soit une hypothèque ou bien un droit de rétention.

Ainsi la situation du créancier qui a exigé une sûreté spéciale sera suffisamment à l'abri des risques; et pendant que, en cas de faillite ou de déconfiture du débiteur, la masse des autres créanciers ira demander la vente de ses biens afin de se faire distribuer le prix par contribution, conformément à l'art. 2093, celui-ci n'aura nullement à s'inquiéter sur le sort de sa créance. A l'arrivée du terme, à défaut de payement, il pourra réaliser son gage et se faire payer le prix en observant les formalités prescrites par les lois.

Plaçons donc en ordre les créanciers qui primeront d'autres à raison de leurs causes légitimes de préférence. Il y en a quatre classes :

1° Les créanciers privilégiés primant les créanciers chirographaires ou hypothécaires, payés entre eux par préférence, eu égard à la qualité de leur privilége.

2° Les créanciers hypothécaires primant les créanciers chirographaires et payés entre eux par rang d'inscription.

3° Les créanciers chirographaires concourant entre eux au marc le franc.

4° Enfin les créanciers qui ont un droit de rétention qui ne peuvent pas être contraints de se dessaisir de la chose qu'ils détiennent, tant qu'ils ne sont pas intégralement payés.

L'hypothèque et le privilége (du moins le privilégé sur les immeubles) confèrent deux droits ; le droit de préférence et le droit de suite. Par le droit de préférence, le créancier a le droit d'être payé, sur le prix de l'immeuble avant d'autres créanciers. Par le droit de suite, il a le droit de forcer les acquéreurs, même de bonne foi, d'abandonner l'immeuble ou d'en subir l'expropriation, s'ils ne préfèrent payer le montant intégral de la dette.

Je n'ai pas à m'occuper ici du droit de préférence qui n'entre pas dans le cadre de mon travail, mais seulement du droit de suite. J'examinerai successivement dans trois chapitres :

1° Quelles sont les conditions auxquelles naît le droit de suite et comment il s'exerce ;

2° Quels sont les partis que peut prendre le tiers-détenteur ;

3 Quelles sont les conséquences de l'exercice du droit de suite.

CHAPITRE PREMIER.

DES CONDITIONS AUXQUELLES NAÎT LE DROIT DE SUITE ET DE LA MANIÈRE DONT IL S'EXERCE.

La droit de suite est opposable aux tiers détenteurs de l'immeuble hypothéqué. Il donne au créancier la faculté de saisir et de faire vendre l'immeuble affecté à sa garantie, en quelque main qu'il passe à moins que le détenteur ne veuille lui payer intégralement sa créance. Si l'immeuble n'est pas entre les mains d'un tiers et s'il est resté dans le partimoine du débiteur, il ne peut être alors question que du *droit de préférence*. En effet, il suffit au créancier de poursuivre l'expropriation de l'immeuble pour obtenir sa collocation dans l'ordre conformément au livre III, titre xix du Code civil. Mais une fois que l'immeuble est sorti en tout ou en partie des mains du débiteur et est passé aux mains du tiers détenteur, le *droit de suite* a lieu. C'est par ce moyen qu'alors le créancier hypothécaire exercera son droit de préférence résultant de l'hypothèque et sera garanti des aliénations que le débiteur ferait des gages affectés à sa créance.

L'immeuble est aussi considéré être dans le patrimoine du débiteur s'il passe entre les mains de ses successeurs universels ou à titre universel, parce qu'ils représentent le défunt dans l'ensemble de ses droits actifs et passifs.

D'un autre côté, comme en général, l'hypothèque ou le privilége ne s'exerce, d'après la loi, qu'au moyen d'une inscription (sauf ce qui concerne celle des femmes sur les biens de leur mari et celle des mineurs sur les biens de leur tuteur), il en résulte que le droit de suite lui-même ne peut s'exercer qu'autant qu'une inscription utile a été prise sur l'immeuble hypothéqué ou privilégié.

De là, deux conditions pour la naissance du droit de suite : 1° la nécessité de l'aliénation, 2° la nécessité de l'inscription. Elles feront l'objet des deux paragraphes suivants.

§ 1.

Nécessité d'une aliénation volontaire.

Peu importe que l'aliénation soit totale ou partielle, car la dette hypothécaire étant indivisible, le droit de suite existe aussi bien sur l'ensemble de l'immeuble que sur ses parties. Toutefois, je ferai plus loin une distinction pour l'aliénation des droits réels personnels qui sont incessibles, tels que les droits d'usage, d'habitation, etc. Mais il importe que l'aliénation soit volontaire. Je dis *volontaire*, car si l'aliénation avait eu lieu par suite d'une expropriation forcée, ce qui arriverait par exemple lorsque la dette étant devenue exigible, les créanciers auraient procédé à la saisie ou bien si elle était le résultat d'une expropriation pour cause d'utilité publique, le droit de suite serait évidemment éteint. La raison en est facile à saisir. Que fait-on lors d'une vente forcée, faite par exemple sur saisie, à la requête d'un créancier? Il y a une procédure de saisie qui rend publique la vente, qui appelle tous les créanciers à la mise aux enchères et enfin elle leur donne le droit de surenchérir eux-mêmes et de faire monter l'immeuble à sa plus haute valeur. Comme ils sont tous prévenus à l'avance, ils n'ont qu'à se prendre à eux-mêmes s'ils ont été négligents de faire valoir leurs droits en temps nécessaire, et s'ils n'ont pas intervenu et veillé à ce que la vente fût portée à un prix plus élevé. L'adjudicataire s'affranchira donc de toutes les hypothèques, en payant son prix aux créanciers inscrits jusqu'à due concurrence.

C'est la consécration de la maxime : « Décret forcé nettoie toutes les hypothèques. »

Il en est de même de l'aliénation par suite d'expropriation pour cause d'utilité publique. Le droit de suite n'existe pas davantage. C'est une vente publique et forcée qui profite au tiers détenteur en vertu d'une loi d'intérêt général, devant laquelle doit s'effacer tout intérêt particulier. Les créanciers n'ont pas eu, il est vrai, la faculté de requérir la mise aux enchères de l'immeuble exproprié, mais ils sont suffisamment avertis par les formalités de publicité et autres.

Si maintenant l'aliénation a eu lieu sur *délaissement* par le tiers-détenteur, l'adjudication qui prononcera la vente fera éteindre pour les mêmes raisons le droit de suite.

Mais que décider en cas de ventes publiques volontaires? Il semble que l'adjudication devrait effacer le droit de suite, comme cela a lieu, nous venons de le dire, dans les ventes publiques forcées; étant prouoncée en justice, elle devrait nettoyer les hypothèques. Il n'en est rien; le droit de suite et ses effets subsisteront quand même. Les ventes volontaires qui ont lieu en justice sont les ventes faites dans les cas de succession indivise, bénéficiaire ou vacante, et les ventes de biens appartenant à des mineurs, à des interdits ou à des femmes dotales (art. 1558). L'aliénation a bien lieu publiquement aux enchères après trois affiches, mais les créanciers n'étant pas directement prévenus pourront toujours prétendre que, s'ils eussent été appelés à la vente, le prix aurait été plus élevé. Donc les ventes publiques volontaires ne déchargent pas l'immeuble grevé du droit de suite au profit du tiers-détenteur.

Ici cependant se présente un autre cas, celui de la vente sur conversion qui a lieu lorsque les parties conviennent, afin d'éviter les frais, de convertir la procédure de saisie en vente volontaire. Si la saisie immobilière avait suivi son cours on serait évidemment arrivé à une vente forcée; lors donc que les parties l'évitent, c'est-à-dire lorsque le poursuivant et le saisi s'entendent à faire une simple adjudication devant notaires ou en justice, avec les simples formes prescrites pour la vente des biens des mineurs, pour se prononcer si la vente aura les effets d'une aliénation forcée, on devra distinguer si les intéressés à l'immeuble avaient déjà reçu ou non des sommations conformément à l'art. 692 du Code de procédure civile. L'aliénation sera considérée volontaire si la conversion a été opérée *avant* les sommations; en cas contraire, ce sera une vente forcée, les créanciers ont été tous prévenus et appelés aux enchères; le droit de suite sera par conséquent éteint. Telle est l'opinion généralement admise et pratiquée.

Ainsi donc, en résumé :

I. Les aliénations qui donnent lieu au droit de suite sont :

1° Toutes les transmissions résultant d'un acte entre vifs ou par testament. Peu importe qu'elles soient à titre onéreux ou à titre gratuit;

2° Les ventes volontaires qui ont lieu en justice.

II. Les aliénations qui ne donnent pas lieu au droit de suite sont :

1° Les ventes des immeubles sur *saisie* ;

2° Les adjudications par suite du *délaissement* fait par les tiers-détenteurs ;

3° Les aliénations par suite d'*expropriation* pour cause d'utilité publique.

Nous avons supposé jusqu'ici l'aliénation d'une propriété entière. Quel sera maintenant l'effet de l'aliénation d'un démembrement de propriété.

J'ai déjà dit que le droit de suite ne s'applique qu'aux immeubles. Je devrais y ajouter les *immeubles par destination* et l'*usufruit* des biens immobiliers et accessoires pendant le temps de sa durée (art. 2118). Je puis citer en outre les *mines* d'après la loi du 21 avril 1810, les actions de la Banque de France depuis le décret du 16 janvier 1808, les actions immobilisées de la Compagnie des canaux d'Orléans et du Loing (décret du 16 mars 1810). Comme on voit, les biens qui sont susceptibles d'hypothèque donneront forcément naissance au droit de suite, et au contraire les immeubles qui ne peuvent pas être hypothéqués, ne donneront pas lieu au droit de suite : tels sont les immeubles qui ne peuvent être vendus aux enchères publiques; l'*usage* et l'*habitation* qui sont des *droits incessibles* et non susceptibles d'expropriation forcée, de même les *servitudes* prises isolément du fonds auquel elles profitent, et enfin les *actions* immobilières, telles que les actions en revendication, en réméré, en rescision pour lésion de plus des sept douzièmes, etc.

Cette distinction faite, il est facile d'établir d'une manière générale que les créanciers pourront exercer leur droit de suite contre le tiers-acquéreur d'un démembrement de propriété susceptible d'être saisie et vendue aux enchères : exemple l'usufruit (art. 2204, Code civil).

Dans ce cas, les créanciers hypothécaires auront la faculté, soit de diviser leur action contre le débiteur nu-propriétaire et contre l'acquéreur usufruitier, soit de poursuivre la vente de la pleine propriété contre le débiteur. Ils préféreront ce dernier mode s'ils croient que la vente séparée de l'usufruit d'abord et de la nue propriété ensuite ne leur soit trop préjudiciable.

Si, au contraire, le démembrement de propriété se porte sur l'usage, l'habitation et les servitudes, les créanciers ne pourront pas exercer leur droit de suite contre les acquéreurs de ces divers démembrements. La concession de ces sortes de droits faite par le débiteur sera considérée comme non avenue, et les créanciers hypothécaires passeront outre et, sans en tenir compte, procéderont à la saisie et à la vente de la pleine propriété de l'immeuble grevé.

Il serait d'ailleurs inconséquent et étrange d'admettre que l'acquéreur d'un droit d'usage ou de servitude puisse se soustraire à des poursuites que l'acquéreur de la pleine propriété est obligé de subir.

Les créanciers devront toutefois les respecter s'ils ont été établis antérieurement à la constitution de leur hypothèque.

Ils devront de même respecter les baux faits sans fraude et même postérieurs à l'hypothèque, car ce sont là de simples actes d'administration dont l'intérêt public nécessite la sauvegarde. La loi du 23 mars 1855 décide cependant que les baux de plus de dix-huit ans ne sont opposables pour toute leur durée aux créanciers hypothécaires que s'ils ont été passés et *transcrits* avant l'inscription de leurs hypothèques, et que, s'ils n'ont été transcrits qu'après la dite inscription, les créanciers auront le droit de les faire réduire à dix-huit ans. La transcription est également exigée pour les quittances anticipées de loyers ou fermages excédant trois années, afin que le fait soit ainsi révélé en temps utile, lors d'une constitution d'hypothèque.

Par *a contrario*, les cessions, quittances pour moins de trois ans, sont opposables aux créanciers hypothécaires.

§ II

Nécessité d'une inscription.

Le droit de suite n'appartient qu'aux créanciers privilégiés ou hypothécaires qui ont pris l'inscription en temps utile (art. 2166). A quelle époque doit-elle être prise cette inscription pour qu'elle soit utile? A Rome et dans l'ancien droit la publicité de l'hypothèque n'existait pas, dans le droit moderne la législation a eu de nombreuses variations qu'il importe de parcourir brièvement.

1° Sous le droit intermédiaire :

Après quelques essais de publicité tentés, la loi fondamentale du 11 brumaire an VII a décidé que l'inscription pouvait être utilement faite tant que l'acte d'aliénation de l'immeuble grevé n'avait pas été transcrit.

2° Sous le Code civil :

Les créanciers devaient prendre l'inscription avant toute aliénation de l'immeuble hypothéqué, car le Code étant muet au sujet de la transcription, on décidait qu'elle n'était plus nécessaire.

3° Sous le Code de procédure civile :

L'article 834 de ce code édictait que l'inscription pouvait être prise même après l'aliénation, pourvu que l'on ne laissât passer quinze jours depuis la transcription de l'acte d'aliénation.

4° Sous la loi du 23 mars 1855, régime qui est actuellement en vigueur, les art. 834 et 835 du code de procédure civile sont abrogés.

L'acheteur pour qu'il puisse opposer ses droits de propriétaire *erga omnes* est tenu de transcrire son acte d'acquisition. De leur côté les créanciers hypothécaires ou privilégiés peuvent prendre leur inscription jusqu'à la transcription de l'acte d'aliénation. D'où la conséquence que si la transcription n'est jamais faite, l'inscription pourra toujours être utilement prise par eux.

Telle est la règle. Toutefois par une faveur particulière la loi de 1855 y apporte une exception.

Exception au profit du vendeur et du copartageant : Elle consiste dans la faculté accordée, au point de vue du *droit de suite*, d'inscrire valablement leur privilége même après la transcription, pourvu qu'ils se trouvent encore dans les quarante-cinq jours de l'aliénation, ou de la licitation. Ceux qui se sont fait subroger aux droits du vendeur ou du copartageant jouissent de la même faveur.

Une remarque est nécessaire cependant à la position du copartageant, lorsque l'immeuble est resté en la possession de son copartageant. Dans ce cas, il peut utilement prendre une inscription privilégiée dans les soixante jours, à dater du partage (art. 2109) et simplement hypothécaire passé ce délai, car toutes les créances privilégiées soumises à la formalité de l'inscription deviennent hypothécaires si les conditions requises n'ont pas été remplies en temps utile (art. 2113). Si l'immeuble est passé entre les mains d'un tiers-acquéreur, le délai utile pour le copartageant est seulement de quarante-cinq jours, et le droit de suite subsistera à dater de l'inscription prise valablement.

Exception aussi en faveur des femmes mariées, des mineurs et des interdits (art. 2193 et suivants). Leur hypothèque légale est affranchie de la nécessité de toute inscription et produit son effet indépendamment de cette formalité. Pendant tout le temps que dureront le mariage, la tutelle et l'interdiction, et pendant une année qui suivra la fin de la tutelle, la levée de l'interdiction ou la dissolution du mariage, eux-mêmes ou les personnes requises par la loi pourront prendre à leur profit l'inscription à n'importe qu'elle époque et nonobstant toute transcription de la part d'un tiers-acquéreur. Ce n'est que que dans l'hypothèse des art. 2194 et 2195 qu'ils perdront leur droit d'inscription. En effet, s'ils laissent écouler les deux mois de délai accordé sans la prendre, la purge pourra être valablement opérée par le tiers-acquéreur, et le droit de suite qui est dans tous les cas, ici plus encore, subordonné à la formalité de l'inscription, sera éteint à son profit.

Le droit de préférence seul survivra, en faveur des femmes mariées, des mineurs et des interdits, sous les restrictions déterminées par la loi du 21 mai 1858 (art. 717 du Code de pr. civ.).

Quant aux priviléges des architectes, entrepreneurs et ouvriers, et aux hypothèques légales de l'État, des communes et des établissements publics sur les biens des receveurs et administrateurs comptables, on entre dans le droit commun ; les inscriptions doivent être prises, conformément à l'art. 6 de la loi de 1855, avant la transcription de l'acte d'aliénation. — Même formalité est édictée pour les priviléges généraux qui s'étendent sudsidiairement sur les immeubles.

En résumé, à part les exceptions admises, d'une part en faveur du vendeur et du copartageant, et, d'autre part, en faveur des femmes, des mineurs et des interdits, les créanciers, tant privilégiés sur les immeubles qu'hypothécaires, devront, pour conserver leur droit de suite, être inscrits avant la transcription de l'acte d'aliénation.

§ III

Comment le créancier exerce-t-il le droit de suite ?

Lorsque les conditions que nous venons d'examiner ont été régulièrement accomplies, le créancier peut exercer son droit de suite vis-à-vis le tiers-détenteur, et, à cet effet, il doit (d'après l'art. 2169) :

1° Faire un *commandement* au débiteur originaire de payer. Le but de ce commandement est d'avertir que l'on poursuivra le tiers-détenteur et qu'il y aura lieu à l'expropriation si lui-même n'acquitte pas la dette, et, par suite de l'expropriation, ce dernier sera exposé à un recours en garantie. Toute exécution, du reste, nécessite un avertissement préalable. Le créancier, pour faire ce commandement, doit être muni d'un titre exécutoire; ainsi, ce sera l'acte notarié, s'il s'agit d'une hypothèque conventionnelle; le jugement, s'il s'agit d'une hypothèque judiciaire, et le jugement portant reconnaissance de son hypothèque, s'il s'agit d'une hypothèque légale.

2° Faire une *sommation* au tiers-détenteur de délaisser l'héritage si mieux il n'aime payer la dette devenue exigible contre le débiteur originaire. Le but de la sommation consiste donc à informer le tiers-détenteur que l'on procédera à l'expropriation forcée suivant les moyens accordés par le Code. La différence entre le *commandement* et la *sommation* est dans le fait que le créancier a un titre exécutoire contre son *débiteur* et que le premier précède toujours une saisie immobilière, tandis qu'il n'a aucun titre contre le *tiers-détenteur*, celui-ci n'étant pas obligé pensonnellement à la dette.

Cette mise en demeure fera courir à partir de sa date le délai de trente jours accordé au tiers-détenteur pour aviser au parti qu'il doit prendre. Le créancier, en conséquence, attendra pendant ce délai et il ne pourra agir qu'après les trente jours depuis l'envoi de la sommation et du commandement. Si ces deux actes ont été faits à différentes époques, le délai ne commencera à courir que du jour où le dernier a été fait.

Une question controversée se présente ici cependant, celle de savoir si le commandement doit, à peine de nullité de la procédure, précéder la sommation ou bien la sommation précéder le commandement.

Le Code étant muet sur ce point, on décide en général que la réunion de ces deux actes suffira pour que le créancier puisse poursuivre le détenteur, quel que soit l'ordre que l'on ait adopté.

Il est vrai, d'un autre côté, que la construction grammaticale de l'art. **2169** ainsi que la considération que l'on pourrait faire en ce que le débiteur doit être averti avant tout autre personne semblent exiger que le commandement précède la sommation, mais ce serait aller trop loin que de prétendre qu'il y aurait déchéance si l'ordre n'est pas ainsi observé. Le code n'aurait certainement pas omis de prescrire d'une manière expresse une pareille sanction s'il avait jugé à propos de l'établir. Il y a cependant deux arrêts de la Cour de Nîmes en dates du 10 décembre 1850 et 28 janvier 1856 qui ont jugé que l'ordre interverti emportait déchéance.

Notons enfin que *chaque* créancier hypothécaire a le droit de poursuivre la vente de l'immeuble qui sert de gage à tous (art. 2169). En droit romain, au contraire, le droit de saisir et de faire vendre l'immeuble n'appartenait qu'au premier créancier hypothécaire, en sorte que son inaction paralysait l'hypothèque des créanciers postérieurs.

Ceux-ci n'avaient qu'une faculté : le *jus offerendi*, qui consistait dans l'offre faite au premier créancier de le payer intégralement et de se subroger ainsi en son lieu et place. Ils n'avaient du reste recours à ce moyen que lorsqu'ils pouvaient espérer que la vente produirait un prix supérieur à celui qu'ils auraient versé pour désintéresser le premier créancier.

CHAPITRE II.

DES DIFFÉRENTS PARTIS QUE PEUT PRENDRE LE TIERS DÉTENTEUR.

Comme nous venons de le voir, le droit de suite sera exercé par les créanciers contre le tiers-détenteur. Celui-ci en a été averti par la sommation et il a un délai de trente jours, soit pour se concerter avec le débiteur originaire, soit pour prendre à son choix un des partis suivants que la loi lui accorde. Ainsi il peut :

1° Payer intégralement tous les créanciers hypothécaires inscrits :

2° Payer les créances inscrites jusqu'à concurrence de son prix d'acquisition ;

3° Opposer le bénéfice de discussion, c'est-à-dire renvoyer le créancier à agir d'abord sur les autres immeubles affectés à la même dette ;

4° Procéder à la purge et éteindre par cette voie toutes les hypothèque ;

5° Délaisser, c'est-à-dire abandonner l'immeuble hypothéqué ;

6° Se laisser exproprier, ce qui arrivera en restant dans l'inaction et en laissant s'écouler les trente jours francs après le commandement de payer et la sommation de délaisser.

Nous examinerons rapidement ces divers partis au

point de vue des avantages et des inconvénients qu'ils offrent au tiers-détenteur.

1° *Payement intégral.*

Lorsque le montant des créances inscrites est inférieur ou égal à son prix d'acquisition, le tiers-détenteur a quelque avantage d'opter pour ce parti et en désintéressant tous les créanciers inscrits de se débarrasser de leur poursuite. Le payement devra être complet en capital et accessoire ; ainsi, il sera tenu des intérêts, des dépens et des frais, lors même qu'il ne serait qu'un acquéreur partiel de l'immeuble grevé, car l'hypothèque est indivisible (art. 2114). Ce moyen, comme on voit, n'est pas une concession du législateur et le Code ne l'énonce pas expressément ; le payement éteint la créance, par la force même des choses, et le droit de suite s'éteint aussi.

Le bénéfice de la subrogation légale est accordé de plein droit par l'art. 1251 au tiers-détenteur qui effectue le payement intégral, subrogation qui se porte sur tous les droits des créanciers désintéressés. Ce bénéfice lui procurera l'avantage, surtout dans le cas où il aurait payé plus que son prix d'acquisition, de pouvoir agir, non-seulement contre le débiteur principal et les cautions, mais encore contre tous autres détenteurs, comme lui, de biens soumis à l'hypothèque.

Ajoutons enfin que le payement intégral laisse la voie de poursuite libre aux créanciers dont l'hypothèque, dispensée d'inscription, lui était restée inconnue. Le tiers-détenteur qui a donc opté pour ce moyen de se libérer, ne sera jamais dans uue entière sécurité et à l'abri de toute poursuite.

2° *Payement partiel.*

Ce parti consiste dans le payement fait aux créanciers hypothécaires mais jusqu'à concurrence seulement du prix d'acquisition. Il présente au tiers-détentenr les mêmes inconvénients et les mêmes avantages que le moyen précédent ; de plus, les créanciers non désintéressés peuvent le poursuivre et l'exproprier par la voie des enchères, s'ils espèrent obtenir un prix supérieur à celui payé aux créanciers premiers inscrits et si en fait l'adjudication donnait un résultat satisfaisant (une plus-value), d'abord le tiers-détenteur sera utilement colloqué pour le montant intégral de ses déboursés, par l'effet de l'art. 1251 qui lui accorde le bénéfice de subrogation, puis ensuite le surplus restant sera partagé dans l'ordre des créances. Mais si le prix d'adjudication est égal ou inférieur à celui qui a été payé par le tiers-détenteur, les créanciers poursuivants n'auront aucun bénéfice et de plus devront payer tous les frais de la vente qu'ils ont provoquée avec si peu de prudence et de réflexion.

Quant aux inconvénients pouvant résulter de la part des créanciers hypothécaires dispensés d'inscription, ils subsistent, comme dans le parti précédent. Au dernier moment une hypothèque occulte pourra venir primer celles auxquelles le tiers s'est fait subroger.

3° *Bénéfice de discussion.*

L'art. 2170 donne une autre faculté au tiers-détenteur : celle de demander qu'avant de procéder contre lui à l'expropriation le créancier hypothécaire fasse vendre les immeubles sur lesquels il a hypothèque et qui se trouvent encore en la possession du débiteur ou de ses coobligés.

Ce bénéfice peut être d'un grand secours au tiers-détenteur, qui a le désir de conserver l'immeuble et ne présente aucune préjudice aux créanciers à qui il importe peu d'être payés sur le prix de tel ou tel bien.

Cette exception qui fut créée par Justinien et observée plus tard en France dans les pays de droit écrit, a été supprimée par la loi de brumaire an VII, qui pensait en l'abrogeant donner plus de crédit au régime hypothécaire. Elle fut de nouveau rétablie par le code avec certaines modifications que nous étudierons ci-après dans leur ensemble. L'art. 2170 l'assimile à celle accordée à la caution et renvoie pour les *formes* au titre du *cautionnement,* d'après lequel il faut pour que le tiers-détenteur puisse invoquer le bénéfice de discussion : 1° qu'il l'oppose avant toute défense, *in limine litis*; 2° qu'il indique aux créanciers d'autres immeubles appartenant au débiteur situés dans le ressort de la Cour d'appel du lieu où le payement doit être effectué; 3° qu'il offre de faire l'avance des sommes nécessaires à la discussion; 4° que les immeubles indiqués aux créanciers ne soient pas litigieux. (Art. 2023.)

Telles sont les conditions essentielles communes à la caution et au tiers détenteur. De plus, il faut encore pour ce dernier, dit l'art. 2170, « qu'il soit demeuré d'autres immeubles hypothéqués à la même dette dans la possession du principal ou des principaux obligés ». Il est donc nécessaire qu'il reste en la possession du principal obligé, c'est-à-dire du débiteur, ou des principaux obligés, c'est-à-dire les codébiteurs et les cautions du principal obligé, dés biens à discuter et que ces biens soient hypothéqués à la dette même à raison de laquelle le créancier exerce ses poursuites contre le tiers-détenteur.

Il résulte enfin de tout ce qui précède que le créancier ne peut jamais être forcé de discuter : 1° les meubles ; 2° les immeubles non affectés à sa créance ; 3° les immeubles hypothéqués à sa créance mais qui sont possédés par des tiers-acquéreurs non personnellement obligés à la dette ; 4° les immeubles litigieux ou situés en dehors de l'arrondissement.

A quels détenteurs appartient le bénéfice de discussion ? A ceux seulement qui ne sont pas personnellement obligés à la dette ; ainsi la caution poursuivie comme tiers-détenteur ne pourrait pas l'invoquer ; de même quant à l'héritier pour partie qui aurait payé sa part personnelle dans la dette, car il est obligé de maintenir indivisible la dette hypothécaire (art. 1221, 1°) ; de même encore le débiteur solidaire qui joint à cette qualité celle de tiers-détenteur ; ni enfin, l'acheteur qui a pris l'engagement de désintéresser les créanciers hypothécaires. Toutes ces personnes et en général tous autres obligés personnels qui pour une raison ou pour une autre deviendront tiers-détenteurs ne pourront invoquer le bénéfice de discussion.

Faisons toutefois une remarque pour ce que nous venons de dire pour la caution. Quelques auteurs soutiennent que celui qui réunirait sur sa tête la qualité de caution et celle de tiers détenteur, peut user du bénéfice. En effet, dit-on, comme caution, il en jouit d'après l'article 2021 et comme tiers-détenteur par l'article 2170. L'opinion contraire me paraît préférable, car dans l'espèce ce n'est pas en sa qualité de caution et à raison de son engagement que les créanciers hypothécaires la poursuivent, mais c'est en sa qualité de détenteur d'un bien affecté spécialement à leur garantie. Or, comme tout détenteur qui peut être poursuivi comme personnellement obligé, n'a pas le bénéfice de discussion, on doit, en conséquence, le refuser aussi à la caution. Si maintenant la caution était poursuivie sur ses biens propres non hypothéqués à la dette, il n'y a pas de doute qu'elle pourrait invoquer le bénéfice accordé par l'article 2021.

La même controverse se présente à l'égard de l'héritier pour partie dans le lot duquel tombe l'immeuble hypothéqué et qui aurait payé sa part personnelle dans la dette. Ceux qui lui accordent le bénéfice raisonnent ainsi : l'héritier en principe, n'est tenu que de sa part et ce n'est qu'exceptionnellement et *propter rem detentam* qu'il est tenu pour le tout ; or en payant sa part, il a éteint son obligation personnelle, il n'a plus que la qualité de tiers détenteur, ce qui lui permet alors d'invoquer l'exception. Je n'admettrai pas cette solution, parce que la dette hypothécaire est indivisible et que l'héritier détenteur, se trouvant personnellement obligé à la dette pour sa part héréditaire et hypothécairement pour le tout, ne peut forcer le créancier à recevoir divisément le payement de cette part (art. 873 et 1221) et lui opposer, sous l'offre de ce payement, l'exception de discussion.

A quels créanciers peut-il être opposé? — Il ne peut l'être ni aux créanciers privilégiés ni aux créanciers ayant une hypothèque spéciale (art. 2171). La raison est que le jour où le créancier a contracté avec le debiteur, il y eut un choix et une préférence accordée à l'un des immeubles du débiteur et ce serait détruire la convention des parties que de permettre à un tiers-détenteur de l'invoquer et d'envoyer le créancier discuter d'autres immeubles. La même raison est donnée aux priviléges qui sont presque tous spéciaux. Quant aux priviléges généraux de l'art. 2101, c'est par faveur et en vertu du peu d'importance des créances qu'ils garantissent que la loi ne permet pas au tiers-détenteur d'opposer le bénéfice.

Il ne peut pas être opposé non plus aux créanciers qui ont une hypothèque générale sur tous les biens du débiteur, lorsque cette hypothèque est conventionnelle, par la raison qu'une hypothèque de cette nature porte sur chaque immeuble d'une façon toute spéciale et affecte chacun d'eux distinctement à la garantie de la dette.

En résumé, il faut donc qu'il s'agisse d'une hypothèque générale, c'est-à-dire légale ou judiciaire pour que cette exception puisse être opposée aux créanciers hypothécaires.

4° *Purge.*

Le tiers-détenteur peut *purger* son immeuble des priviléges et hypothèques qui le grèvent. Il faut pour cela qu'il remplisse les formalités prescrites par le Code (art. 2181 à 2195). Comme la purge n'entre pas dans le cadre de ce travail et qu'elle occupe un chapitre à part dans le Code, je me bornerai à rappeler sommairement en quoi consistent ces formalités. Le tiers-détenteur doit : 1° transcrire son acte de vente, d'échange, de donation, de testament ou de partage, suivant qu'il est acheteur, coéchangiste, donataire, légataire ou cohéritier ; 2° notifier aux créanciers un extrait de son titre, un extrait de la transcription, un tableau sur trois colonnes indiquant, dans la première la date des hypothèques et celles des inscriptions, dans la seconde le nom des créanciers, dans la troisième le montant des créances inscrites ; 3° enfin faire offre aux créanciers du prix d'acquisition, ou dans le cas d'acquisition à titre gratuit, le prix d'évaluation. — Si les créanciers acceptent, il est libéré par le payement du prix ; s'ils refusent, ils peuvent procéder à la vente aux enchères de l'immeuble, mais à condition qu'il n'aient pas laissé dépasser le délai de quarante jours à partir des susdites notifications et qu'ils portent le prix d'adjudication à un dixième en sus de la somme offerte par le tiers-détenteur.

Telles sont dans leur ensemble les formalités exigées pour la purge des hypothèques inscrites. Pour celles qui sont dispensées d'inscription, la loi précise quelques autres notifications et un délai de deux mois, afin d'obliger les intéressés à prendre l'inscription (art. 2193 à 2195).

La purge est le meilleur parti que le tiers-détenteur puisse adopter ; elle affranchit d'une manière définitive l'immeuble des hypothèques qui le grèvent, et c'est pour cela qu'on peut la considérer comme une faveur utile et pratique que la loi a jugé à propos d'établir ; elle éteint le droit de suite et garantit le tiers-détenteur de toute poursuite, même de celle qui pourrait être occasionnée par l'effet des créances hypothécaires non inscrites. A la différence du délaissement, elle n'implique pas l'abandon de l'immeuble, elle le fait conserver entre les mains du détenteur.

5° *Délaissement.*

Le cinquième parti accordé au tiers-détenteur c'est le délaissement qui consiste dans l'abandon de la possession de l'immeuble aux poursuites des créanciers hypothécaires. On ne pouvait sans injustice refuser ce droit au détenteur qui n'est pas, par le fait de la détention, personnellement obligé de payer les dettes inscrites : il n'en est tenu que *propter rem* ; or, en abandonnant l'immeuble, il ne doit plus être inquiété et poursuivi pour le payement. Mais à dire au juste, en quoi consiste cet abandon? quelle est sa nature et quels sont ses effets? — Est-ce l'abandon de la propriété ou seulement de la possession? — L'ancienne jurisprudence admettait que celui qui délaisse ne quitte pas absolument la propriété, il ne se dépouille que de la possession *de fait*, de la détention, en un mot, afin de se mettre hors de cause et se soustraire à tous les inconvénients et à tous les ennuis de la procédure de saisie. Le principe du Code est le même et la grande majorité des auteurs ont adopté la même opinion.

Le délaissement est donc l'abdication de la possession naturelle de fait, et non de la propriété.

De là il résulte :

1° Que les risques et les autres cas fortuits restent et demeurent à la charge du délaissant jusqu'au moment de l'adjudication, d'après la maxime : « *Res perit domino.* »

2° Que les droits du tiers-détenteur ne seront résolus que

par l'adjudication et que dans l'intervalle qui s'écoule entre le délaissement et la vente aux enchères, rien n'empêche qu'il ne puisse reprendre l'immeuble, bien entendu, en payant les créanciers poursuivants en capital et intérêts, et les frais, art. 2173 (les frais qui concernent la procédure de l'adjudication).

3° Qu'il n'y a pas de mutation de propriété et qu'en conséquence il n'y a pas lieu à payements de droits proportionnels mais à un droit fixe de 5 fr. (loi du 22 frimaire an VII, art. 68.)

4° Que si le prix d'adjudication excède le montant des créances inscrites, c'est lui qui touchera l'excédant.

5° Que les actions possessoires lui appartiennent et que la prescription continue en sa faveur, s'il a acquis l'immeuble des mains d'un non-propriétaire.

6° Que si les créanciers abandonnent les poursuites et que si les inscriptions sont rayées par quelque motif, le délaissant peut être contraint à reprendre l'immeuble.

7° Qu'il peut grever valablement l'immeuble délaissé de nouvelles hypothèques et d'autres droits réels dans l'intervalle du délaissement à l'adjudication; seulement, il faut observer que ces nouvelles hypothèques ou autres droits réels ne sont pas opposables aux créanciers privilégiés et hypothécrires antérieurement inscrits. En conséquence, les créanciers personnels du tiers détenteur ne seront colloqués en ordre utile qu'autant qu'il restera un excédant de prix, c'est-à-dire après que tous les créanciers du précédent propriétaire ayant hypothèque sur l'immeuble délaissé seront complétement désintéressés (art. 2177. — 2°). De même les hypothèques légales et judiciaires acquises sur lui frappent également l'immeuble délaissé.

8° Enfin, si dans la vente faite aux enchères, le délaissant se porte adjudicataire, comme il n'a jamais cessé d'être propriétaire, il n'aura pas besoin de faire transcrire le jugement d'adjudication et il n'aura pas de droits d'enregistrement à payer que sur la différence du prix, tandis que l'adjudicataire étranger devra payer un droit de mutation à raison du prix fixé par l'adjudication. Dans ce cas le tiers-détenteur aura aussi droit à un recours en garantie contre son vendeur originaire pour la différence qu'il a dû payer lors de l'adjudication afin de conserver l'immeuble.

Concluons sur l'ensemble de ces conséquences que le délaissement en lui-même n'a rien de définitif jusqu'après la mise aux enchères de l'expropriation.

Le délai accordé au tiers-détenteur étant de trente jours pour se décider sur le parti à prendre, il a un temps suffisant pour délaisser si ce parti lui convenait préférablement à tout autre. Le délaissement peut avoir lieu dans cet intervalle et de plus tant que la saisie de l'immeuble n'a pas été faite entre les mains du détenteur.

Formes. C'est au greffe du tribunal de la situation des biens que la déclaration de délaisser se fait par le tiers détenteur assisté de son avoué. Le délaissant la signifie en outre aux créanciers poursuivants et au vendeur. Le tribunal donne acte de cette déclaration et à la suite du jugement nomme un curateur à l'immeuble, chargé de surveiller la vente et de signifier ou de recevoir tous les actes de procédure qui la concernent.

Désormais c'est contre ce curateur que sera poursuivie la saisie et la vente de l'immeuble ; celui-ci veillera à ce que l'adjudication produise le prix le plus élevé et représentera le débiteur principal dans la procédure de cette saisie immobilière.

L'effet de l'adjudication sera de rendre propriétaire de l'immeuble l'adjudicataire, d'éteindre toutes les hypothèques et les priviléges, et de les mettre à l'abri de toute poursuite de la part des créanciers inscrits,

Qui peut délaisser? — En indiquant ceux qui ne peuvent pas délaisser, j'aurai déterminé les personnes qui peuvent user du délaissement. Deux conditions essentielles sont nécessaires à cet effet, il faut : 1° que le détenteur ne soit pas personnellement obligé à la dette ; 2° qu'il ait la capacité d'aliéner.

Pour la première de ces conditions, je renverrai à tout ce que j'ai dit à propos du bénéfice de discussion. La situation est presque la même : tous ceux qui sont obligés envers les créanciers, *propter rem* et *propter personam*, ne peuvent délaisser, car la poursuite des créanciers a une double cause : la détention et l'obligation ; et si, n'étant tenus que *propter rem*, ils peuvent s'en affranchir, il n'en est pas de même de l'obligation *propter personam* ; la nature de celle-ci s'y oppose. Quel serait l'avantage de délaisser l'immeuble pour celui qui est lui-même personnellement obligé et qu'on peut poursuivre sur tous ses biens à raison de son obligation, sur sa personne même lorsque la contrainte par corps n'était pas abolie.

Donc ne peuvent pas délaisser la caution, le débiteur solidaire, l'acheteur qui s'est obligé envers son vendeur à payer son prix entre les mains des créanciers ayant hypothèque, l'héritier même partiel qui a eu dans son lot l'immeuble hypothéqué.

On fait une exception au profit du propriétaire qui a

hypothéqué un de ses immeubles au payement de la dette d'autrui; en effet, le cautionnement est réel ici et non personnel.

Le légataire particulier peut toujours délaisser, à moins qu'il ne soit chargé expressément du payement de la dette. Il en est de même pour le tiers-détenteur qui a reconnu l'hypothèque ou a subi condamnation en cette qualité seulement (art. 2173), ce qui arriverait par exemple pour la reconnaissance d'hypothèque à propos de la prescription.

Examinons maintenant la seconde condition.

2° *Capacité d'aliéner.* — Cette condition est indépendante de la première, car ceux-là même qui sont restés étrangers à tout engagement personnel vis-à-vis des créanciers hypothécaires, ne peuvent pas délaisser l'immeuble s'ils sont incapables d'aliéner. Ce qui s'explique, parce que, si le délaissement n'est pas en lui-même un acte d'aliénation, il conduit cependant d'une manière directe et définitive à l'expropriation du tiers-détenteur, c'est-à-dire à une aliénation forcée; et, comme il fait perdre au délaissant la faculté de surveiller les opérations de la saisie et de l'expropriation, il entraîne avec lui des conséquences tellement graves que la loi a pensé juste de n'accorder ce droit qu'à ceux qui peuvent agir en connaissance de cause et qui ont la plénitude et l'exercice de leurs droits.

D'après ce qui précède, nous devons conclure que, pour délaisser, le mineur non émancipé, représenté par son tuteur, a besoin de l'autorisation du conseil de famille et de l'homologation du tribunal compétent; le mineur émancipé doit être assisté de son curateur, la femme mariée de l'autorisation de son mari ou, à son défaut, de celle de la justice; il en est de même de l'interdit dont le tuteur doit avoir l'autorisation de la justice pour délaisser. En un mot, tout détenteur incapable d'aliéner ne pourra délaisser qu'en remplissant les formalités nécessaires à la validité d'une aliénation immobilière. Ajoutons, enfin, que la faculté de délaisser n'est accordée ni à un failli, ni à des envoyés en possession provisoire, ni à un curateur à succession vacante.

6° *Expropriation.*

Si le tiers-détenteur ne prend aucun des partis indiqués précédemment, reste dans l'inaction et laisse s'écouler le délai de trente jours à partir de la sommation à lui faite, chaque créancier a le droit de saisir et de faire vendre aux enchères l'immeuble hypothéqué à sa créance. La saisie peut avoir lieu aussitôt après ce délai ou, au plus tard, dans les quatre-vingt-dix jours. Après ce temps, le commandement étant périmé, le créancier serait obligé d'en faire un nouveau. Le commandement est nécessaire pour le débiteur principal et non pour le tiers-détenteur pour qui le délaissement ne sera périmé qu'après trois ans.

Conformément à ce qui a lieu en matière d'expropriation, il faut que le créancier soit muni d'un titre exécutoire pour pratiquer la saisie, de plus il faut encore que sa créance soit certaine, c'est-à-dire non contestée, et liquide, c'est-à-dire ayant pour objet une somme déterminée et enfin exigible. Ces conditions sont nécessaires, dans tous les cas, pour pouvoir poursuivre la saisie mobilière ou immobilière.

Quant aux formalités, elles sont celles que nous connaissons déjà. La demande doit être faite contre le tiers-détenteur à raison de la détention et contre le débiteur originaire à raison de son engagement. Elle est portée devant le tribunal dans le ressort duquel est situé l'immeuble saisi. S'il s'agit de plusieurs immeubles situés dans divers arrondissements, la saisie doit être portée devant les tribunaux de la situation de chaque immeuble. Elle peut être faite devant le tribunal du chef-lieu d'exploitation, lorsqu'ils font partie d'une même exploitation.

L'adjudication qui suivra la saisie aura pour effet de transférer tous les droits de propriété qui appartenaient au saisi, d'éteindre le droit de suite et de désintéresser les créanciers hypothécaires et privilégiés, suivant l'ordre de leurs créances.

CHAPITRE III

DES CONSÉQUENCES DE L'EXERCICE DU DROIT DE SUITE.

I. — *Des comptes à débattre entre les créanciers hypothécaires et le tiers-détenteur qui a délaissé ou subi l'expropriation.*

Le Code, dans les art. 2175, 2176, 2177-1°, prescrit quatre règles qui ont rapport aux conséquences du délaissement ou de l'expropriation. Elles sont relatives : 1° aux détériorations apportées à l'immeuble par le fait ou la négligence du tiers-détenteur ; 2° aux améliorations qu'a

pu recevoir l'immeuble pendant qu'il était entre ses mains ;
3° aux fruits de l'immeuble hypothéqué et à leur répartition entre les créanciers ; 4° aux servitudes et aux autres
droits réels que le tiers-détenteur avait avant sa possession
et aux hypothèques qu'il a pu consentir ou laisser prendre
dans l'intervalle du délaissement à l'expropriation.

Disons un mot sur chacune de ces règles.

1° *Détériorations.* — L'art. 2175, § 1er, est ainsi conçu :
« Les détériorations qui procèdent du fait ou de la négli-
» gence du tiers-détenteur, au préjudice des créanciers
» hypothécaires ou privilégiés, donnent lieu contre lui à
» une action en indemnité. » Il n'y a donc pas à distinguer si la détérioration a précédé ou suivi la sommation.
Au contraire, dans l'ancienne jurisprudence, il fallait une
demande en déclaration d'hypothèque pour faire courir
ensuite la responsabilité du tiers-détenteur ; car, disait-on,
il ne peut être condamné à autre chose qu'au *délais* de
l'héritage, en l'état où il se trouve ; il n'est point tenu des
dégradations qu'il y a faites *avant la demande ;* car il a pu
négliger un héritage qui lui appartenait et le dégrader.
On ajoutait que tout propriétaire a droit d'user de sa chose,
d'en jouir, d'en disposer de la manière la plus absolue, la
détruire même si bon lui semble (art. 544), et ne serait-ce
pas injuste de condamner à des indemnités le tiers acquéreur qui, ayant pu se voir propriétaire, a cru pouvoir en
disposer à son gré : *Qui quasi rem suam neglixit, nulli
querelæ subjectus est.*

Le Code n'a pas admis cette manière de voir, en pré-
sence du système de la publicité des hypothèques par lui
établi. Il a pensé justement que le tiers-détenteur est en
état aujourd'hui de connaître par l'inscription, ou par la

purge, quant aux hypothèques dispensées d'inscription, que l'immeuble qu'il acquiert ne peut lui appartenir que sous la déduction des droits réels dont il est grevé au profit des créanciers ; dès lors, en acquérant, il s'est sciemment et volontairement fait gardien de ce gage, et il est juste qu'il soit regardé en faute s'il le laisse périr faute de soins ou s'il apporte par sa négligence quelque diminution à sa valeur.

Si même, par exemple, il a fait des démolitions dans le but de faire des travaux d'amélioration, et que le délaissement ou l'expropriation ne lui aient pas laissé le temps de les faire, ou bien s'il n'a pas fait des travaux de réparation ou d'entretien devenus nécessaires depuis son acquisition, l'action en indemnité est ouverte contre lui : les créanciers ne doivent pas souffrir de son fait ou de sa négligence. Sous ce rapport, pour apprécier les devoirs du tiers-détenteur, on peut prendre pour guide l'art. 605 et suivants du Code civil.

Le tiers-détenteur n'est pas tenu des détériorations qui peuvent survenir par cas fortuit ou force majeure ; il n'en est pas responsable : *il déguerpit pour les dettes d'autrui et perd lui-même le plus* (Loyseau).

L'action en indemnité n'est donnée qu'aux créanciers qui ont un droit d'hypothèque ou de privilége à exercer sur l'immeuble qui s'est détérioré entre les mains du tiers-détenteur ; les créanciers chirographaires ou hypothécaires non inscrits n'ont pas le droit d'exercer l'action en indemnité. Remarquons toutefois que même parmi les créanciers hypothécaires ou privilégiés, ceux-là seuls peuvent réclamer l'indemnité qui pourraient en profiter. Prenons un exemple ; soit trois créanciers ayant une créance chacun de 10 000 francs sur l'immeuble détérioré ; supposons que le prix d'adjudication, déduction faite des frais de la saisie, donne 10 000 francs, et que la valeur de l'immeuble avant la détérioration fût de 16 000, l'indemnité à être payée par le tiers-détenteur sera donc de 6000, et cette somme ne pourra être réclamée que par le deuxième créancier, car le premier créancier ayant été complétement désintéressé par le prix d'adjudication, et le troisième ne pouvant être payé quand même l'immeuble serait resté en bon état, n'ont en effet aucun intérêt à intenter une telle action ; c'est le deuxième créancier qui souffre seul d'une dépréciation sans laquelle il aurait pu toucher 6000 francs sur le prix d'adjudication ; cette indemnité doit donc lui revenir tout entière. C'est en ce sens que l'on a dit que l'indemnité *appartient aux créanciers privilégiés et hypothécaires suivant l'ordre de leurs inscriptions.*

2° *Des améliorations.* — Réciproquement, le législateur ne veut pas que les créanciers profitent gratuitement des améliorations faites avec les deniers du tiers-détenteur sur l'immeuble hypothéqué. Leur hypothèque s'étend à toutes les améliorations et en profite ; mais d'un autre côté, il ne faut pas qu'ils s'enrichissent aux dépens du tiers-détenteur. Dans quelle mesure donc celui-ci aura-t-il recours contre les créanciers? L'art. 2075-2° répond qu'il ne peut répéter ses impenses et améliorations que jusqu'à concurrence de la plus-value résultant de l'amélioration. Par conséquent, quelle que soit la somme dépensée, il ne pourra répéter que la plus-value ; il faut même ajouter une nouvelle restriction, qu'en aucun cas il ne pourra répéter une somme plus élevée que celle qu'il a déboursée, même quand la plus-value acquise serait supérieure, car tout ce que la loi veut, c'est que les créanciers ne fassent pas un bénéfice avec l'argent du détenteur. Cette plus-value se détermine en prenant la différence qui existe entre le prix auquel l'immeuble dans son état primitif aurait été vendu et le prix résultant de l'adjudication.

Les améliorations peuvent être de deux sortes : 1° les améliorations naturelles telles qu'alluvion, etc.; celles-là tournent au profit des créanciers et ne donnent lieu à aucune répétition en faveur du tiers-détenteur; 2° les améliorations faites par le tiers-détenteur, telles que constructions, plantations, etc., elles donnent lieu à l'action en répétition. Quant aux impenses, on en distingue aussi plusieurs sortes : *nécessaires, utiles et voluptuaires*. Les impenses nécessaires sont celles qui sont faites en vue de la conservation de la chose; sans elles l'immeuble aurait péri.

Les impenses utiles sont celles qui ont pour objet non-seulement la conservation, mais encore l'amélioration de la chose.

Les impenses voluptuaires sont celles faites dans le but d'embellir la chose.

En outre, il y a les impenses d'entretien ordinaire qui incombent à la charge du détenteur, puisqu'il perçoit les fruits à son profit, tant qu'il n'a pas été sommé de délaisser; ces impenses sont telles que labour, curage des fossés, travaux des jardins, etc. La jurisprudence et quelques auteurs admettent que l'article 2175 ne s'applique qu'aux impenses utiles, mais qu'il ne concerne pas les dépenses nécessaires, de telle sorte que lorsque le tiers détenteur a fait des dépenses pour empêcher la perte ou la ruine de la chose, il doit être remboursé de la *totalité* de ses déboursés sans égard à la *plus-value*.

Quoique l'article 2175 ne fasse pas cette distinction, j'adopterai cependant ce système parce qn'il me paraît plus équitable; pourquoi le détenteur qui est obligé de délaisser l'immeuble ne pourrait-il pas répéter totalement ses déboursés, sans lesquels l'immeuble aurait péri?

Quant aux dépenses voluptuaires, elles ne donnent lieu à aucune indemnité, si elles n'ont pas procuré une plus-value à l'immeuble. Dans ce cas, le détenteur pourra détacher de l'immeuble ce qu'il peut, sans toutefois le détériorer. Un exemple expliquera toutes ces règles. Supposons un immeuble détérioré par l'inondation et tombant en ruine. C'est le cas de force majeure si le détenteur n'a pas eu le temps de faire faire les travaux de réparation. S'il a pu les faire en temps voulu et utile, il devra toucher intégralement ses dépenses qui ont été si nécessaires à la conservation; soit 5000 francs de ce chef. Maintenant, outre ces réparations fondamentales, il a fait ajouter au bâtiment quelques constructions nécessaires ou utiles pour la somme de 10 000 francs; ce sont des améliorations et des impenses utiles; de plus, il a dépensé plus tard une autre somme de 13 000 francs pour changer le dessin de la façade de la maison et il l'a ainsi embellie; telles sont les dépenses voluptuaires; et enfin il a procédé à des travaux de labour dans le jardin attenant à l'immeuble et il y a planté ou semé divers produits, ce qui lui a causé une dépense de 3000 francs. Sur ces entrefaites, les créanciers hypothécaires somment le détenteur de délaisser ou lui font subir l'expropriation. L'adjudication qui suit le

délaissement ou l'expropriation a donné pour prix de
l'immeuble 25 000 francs. Avant l'inondation, il valait
30 000 francs et aussitôt après, par suite des immenses
dégâts causés, il ne valait que 1000 francs. Pour combien
le délaissant a-t-il droit à l'indemnité. Tout d'abord écartons la valeur de 25 000 francs de l'immeuble, que dans
notre espèce nous ne pouvons prendre comme base. En
effet, les cas fortuits sont à la charge des créanciers et
si l'immeuble avait entièrement péri par le débordement
des eaux, ils n'auraient jamais eu droit à une indemnité
contre le tiers-détenteur qui n'en est nullement tenu. Ce
sera donc la valeur de l'immeuble après l'inondation, qui
servira de base à calculer la plus value. Écartons aussi,
d'un autre côté, les dépenses du jardin qui seront suppor-
tées par le tiers-détenteur puisqu'elles sont la charge
naturelle des fruits qu'il a perçu. Il nous reste donc à examiner les autres dépenses. Les créanciers payeront avant
tout intégralement les 5000 francs qui sont les impenses
nécessaires et qui ont eu pour effet la conservation de
l'héritage et pour être juste et conforme aux dispositions
générales de notre matière, il faut ajouter les 1000 francs
et dire que la valeur de l'immeuble après l'inondation
était de 6000 francs. Pour le reste, la solution sera facile.

Le tiers-détenteur a en outre pour impenses utiles
et voluptuaires, un total de 23 000 francs à réclamer,
mais il n'y a droit que jusqu'à concurrence de la plus
value résultant de l'amélioration. Or, le prix d'adjudication
est de 25 000 francs. En retranchant la somme de
6000 francs indiquée et expliquée plus haut, on trouve
que la plus-value n'a été que de 19 000 francs; l'action
en indemnité ne pourra donc jamais surpasser cette der-

nière somme et pour les 4000 francs que le tiers-détenteur perd de ses deniers, il pourra avoir recours contre son vendeur; car, à l'égard de ce dernier, le détenteur a droit à toute la dépense, et même aux dépenses voluptuaires lorsque le vendeur est de mauvaise foi (articles 1634 et 1635).

Mais quelle est la nature du droit du tiers-détenteur? Comment l'exécutera-t-il? Sera-ce en vertu d'un simple droit de créance, ou d'un droit de rétention, ou bien encore en vertu d'un privilége?

Les auteurs ne sont pas d'accord sur ce point. Selon les uns, il a un droit de rétention sur l'immeuble jusqu'à ce qu'il soit payé; Pothier et Loyseau donnent au tiers-détenteur un privilége analogue à celui qui a fait des frais pour la conservation de la chose, à celui des architectes, des entrepreneurs ou des ouvriers; enfin, selon d'autres auteurs et la jurisprudence, il n'a qu'un simple droit de créance, une action personnelle qu'il peut exercer par voie de distraction de la partie du prix, correspondant à la plus-value ou au montant des dépenses suivant les distinctions que nous avons déjà précisées. Pour réfuter les doctrines précédentes, ils s'appuient sur ce que la loi ne consacre pas le droit de rétention que le premier système veut créer et qu'en outre ce droit paralyserait l'action hypothécaire et serait nuisible aux intérêts même du détenteur; quant à ceux qui admettent un privilége, on peut leur répondre que l'on ne peut établir par analogie des priviléges, et que si l'ancienne jurisprudence l'admettait, le code au contraire nulle part ne l'a reproduit.

Le dernier système me paraît le plus conforme à l'ordre de la matière; il ne crée pas de droits en dehors de la loi et il simplifie la situation. Si donc, le tiers-détenteur veut garantir le payement de son droit de créance résultant de l'indemnité, il doit faire une saisie-arrêt entre les mains de l'adjudicataire jusqu'à concurrence du montant des sommes qui lui doivent revenir ; et, terminons en ajoutant que le prix qu'il saisira pourra être distribué entre lui et les créanciers des créanciers hypothécaires, s'ils y trouvent un avantage.

3° *Fruits de l'immeuble hypothéqué et répartition entre les créanciers.* — Le troisième compte à débattre entre les créanciers et le tiers-détenteur est relatif aux fruits. Celui-ci doit les restituer à partir du moment où *il a été sommé de délaisser ou de payer*, et si les poursuites commencées ont été abandonnées, à *compter de la nouvelle sommation* qui lui sera faite. (article 2176).

Ainsi les fruits que le tiers-détenteur aura perçus sur l'immeuble depuis son entrée en possession jusqu'au jour de la sommation lui appartiennent et lui resteront définitivement acquis ; cela est juste, car il est propriétaire, il a dû croire que le débiteur payerait les créanciers hypothécaires ; il a été de bonne foi, et il doit être traité au moins à l'égal du possesseur de bonne foi qui fait les fruits *siens* tant que les vices de son titre lui restent inconnus (art. 549 et 550). Mais à partir de la sommation il n'a plus ce droit, il sera tenu personnellement et sur ses biens de tous les fruits, même de ceux qui n'ont pas été perçus par sa propre faute.

Les fruits naturels et industriels seront immobilisés à partir de la transcription de la saisie pour être distribués avec le prix de l'immeuble par ordre d'hypothèque, dit l'art. 682 du Code de procédure. Y a-t-il là une contradiction avec l'art. 2176 du Code civil qui indique comme moment de l'immobilisation, la sommation de délaisser. On doit dire non, Car l'art. 832 a en vue une hypothèse différente; il suppose que l'immeuble a été saisi sur le débiteur lui-même, et non sur le *tiers-détenteur* qui a délaissé ou s'est fait exproprier.

4° *Servitudes ou autres droits réels établis par le tiers-détenteur*. — On peut envisager ici plusieurs hypothèses : 1° le cas où le tiers-détenteur avait sur l'immeuble, avant le jour où il en a eu la propriété, des servitudes, des hypothèques, un usufruit ou d'autres droits réels; 2° le cas où il a lui-même consenti des hypothèques à ses créanciers personnels pendant qu'il détenait l'immeuble; 3° le cas où des hypothèques légales ou judiciaires viendraient aussi grever l'immeuble.

Les deux paragraphes de l'art. 2177 règlent ainsi ces différentes situations. D'une part les servitudes et droits réels que le tiers-détenteur avait sur l'immeuble avant sa possession, renaissent après le délaissement ou après l'adjudication faite sur lui; d'autre part, ses créanciers personnels, après tous ceux qui sont inscrits sur les précédents propriétaires, exercent leur hypothèque à leur rang, sur le bien délaissé ou adjugé. — Il semble qu'il y ait antinomie entre ces deux dispositions. Ainsi, la première suppose nécessairement que l'acquisition faite par le tiers-détenteur, est résolue rétroactivement et annihilée, comme n'ayant jamais existé, et dans la seconde, voilà que les hypothèques consenties sur le fonds, pendant qu'il détenait, sont valables et ont de l'effet après l'adjudication, tandis qu'au contraire, l'acquisition étant considérée comme n'ayant jamais existé, les hypothèques aussi devraient être éteintes et ne produisant aucun effet, d'après la règle : *resoluto jure dantis, resolvitur jus accipientis.*

Quoi qu'il en soit, le tiers-détenteur a bien été propriétaire pendant le temps qu'il a détenu l'immeuble et les solutions données par le Code sont conformes au bon sens et à la justice : dans le premier cas, la confusion qui s'était opérée, lors de son entrée en possession, vient de cesser par l'expropriation ; ses droits doivent être rétablis, parce qu'ils ne nuisent aucunement aux créanciers privilégiés ou hypothécaires qui tiennent leurs droits du précédent propriétaire, puisque l'immeuble vient d'être vendu aux enchères comme s'il n'avait jamais passé par les mains du tiers-détenteur ; — la seconde disposition est fondée sur les droits d'un propriétaire ; or, puisque le détenteur a été propriétaire sous déduction des droits des créanciers privilégiés ou hypothécaires, il est juste qu'il ait pu exercer dans la limite de sa possession, tout ce qu'un propriétaire a droit de faire, consentir ou laisser faire, à condition qu'il ne porte pas atteinte par ses effets aux intérêts de créanciers qui conservent leur droit de suite.

Il faut, en outre, bien entendu, sauvegarder ses droits afin que le tiers-détenteur remplisse les formalités prescrites par la loi dans tous les cas désignés. Ainsi il devra renouveler son inscription tous les dix ans, s'il veut conserver ses droits réels sur l'immeuble qu'il a détenu, après la saisie et l'adjudication.

Enfin, le tiers-détenteur recueillera le reliquat, c'est-à-dire l'excédant qui resterait après le complet désintéressement des créanciers hypothécaires sur le prix de l'adjudication, et s'il a des créanciers personnels, ayant pris inscription ils seront colloqués dans l'ordre de leurs créances, ou payés au marc le franc s'il s'agit de créanciers ayant un simple droit de créance contre le tiers détenteur.

II. — *Du recours du tiers-détenteur qui a payé, délaissé ou subi l'expropriation.*

Le tiers-détenteur qui a payé soit totalement, soit partiellement les dettes hypothécaires, ou qui a délaissé l'immeuble hypothéqué, ou bien qui a subi l'expropriation de cet immeuble a le recours en garantie, *tel que de droit* contre le débiteur principal (art. 2178). Evidemment, tout vendeur est obligé de droit à garantir l'acheteur de l'éviction qu'il souffre dans la totalité ou partie de l'objet vendu, à moins qu'il n'y ait une stipulation expresse entre les parties (art. 1626); de même le copermutant qui est évincé de la chose qu'il a reçue en échange, a le choix de conclure à des dommages et intérêts, ou de répéter sa chose (art. 1705) et enfin les principes généraux du droit exigent que lorsque l'affaire d'autrui a été bien et utilement administrée, le maître indemnise le gérant et lui rembourse les dépenses utiles et nécessaires qu'il a faites (art. 1375).

Il résulte de ce qui précède que, pour préciser le recours du tiers-détenteur, il faut voir en vertu de quel titre celui-ci est devenu propriétaire : est-ce à titre gratuit ou à titre onéreux? est-ce par vente, par échange, par donation, par testament?

1° *L'aliénation a eu lieu gratuitement.* — Si le tiers-détenteur a acquis l'immeuble en vertu d'une donation ou d'un legs, et s'il paye la dette hypothécaire grévant l'immeuble, ou s'il a subi l'expropriation, il a une action *nego-*

tiorum gestorum contre son donateur où contre les héri-tiers du testateur, s'il s'agit d'un legs ; il n'aura point de recours en garantie, car ceux qui aliénent à titre gratuit ne sont point garants de l'éviction, à moins pourtant que la donation ne soit faite *causâ dotis* ; ceux qui constituent une dot sont tenus à la garantie des objets constitués (art. 1547).

2° *L'aliénation a eu lieu à titre onéreux.* — Si le tiers-détenteur est devenu propriétaire par suite d'un contrat de vente, d'échange, etc., les distinctions suivantes sont faites par M. Mourlon :

S'il paye son prix aux créanciers hypothécaires, il n'a pas de recours à exercer, puisqu'il n'a payé que ce qu'il devait.

S'il a payé au delà de son prix, ou si, s'étant déjà libéré envers son vendeur, il a payé les créanciers, recours lui est dû pour tout ce qu'il a payé au delà de son prix dans le premier cas, pour tout ce qu'il a payé dans le second. Mais contre qui ? Contre le débiteur de la dette, qu'il soit ou non le vendeur de l'immeuble.

Si l'acheteur a subi l'expropriation, il a contre son ven-deur une action en garantie pour cause d'éviction, et une action *negotiorum gestorum* contre le débiteur de la dette, à supposer que la dette hypothécaire ne soit pas celle du vendeur.

S'il délaisse ou s'il est sommé de délaisser, il a contre son vendeur une action en garantie, au moyen de laquelle il demande qu'il vienne le défendre contre le danger de l'éviction.

Telles sont les solutions à donner dans ces différentes hypothèses. Notons enfin qu'il peut se faire que l'aliénateur ne soit pas obligé à la dette hypothécaire, ce qui arrive par exemple lorsqu'il a hypothéqué son immeuble au payement de la dette d'autrui, ou lorsqu'il a acquis l'immeuble grevé déjà de ces mêmes hypothèques. C'est pourquoi il a été séparément envisagé plus haut les recours du détenteur contre le *débiteur de la dette* et contre *l'aliénateur de l'immeuble*. Contre le premier, le tiers-détenteur a l'action *negotiorum gestorum* suivant les cas, et, contre l'autre, l'action en garantie pour cause de trouble ou éviction.

D'ailleurs, le détenteur qui a éteint la dette est subrogé à tous les droits des créanciers.

POSITIONS.

I. Les droits d'usage, d'habitation ou servitude établis par le débiteur seront considérés comme non avenus par les créanciers hypothécaires s'ils sont établis postérieurement à leur hypothèque; mais au contraire, ils doivent les respecter s'ils sont antérieurs à la constitution d'hypothèque.

II. La sommation de délaisser faite au tiers-détenteur avant le commandement fait au débiteur n'entraîne pas la nullité de la procédure.

III. Si le créancier laisse le commandement et la sommation sans leur donner suite, un autre créancier peut reprendre la poursuite sans réitérer la sommation, mais il doit renouveler le commandement.

IV. La caution devenue propriétaire de l'immeuble hypothéqué ne peut pas le délaisser.

V. Pour que le tuteur puisse délaisser il faut l'autorisation du conseil de famille et l'homologation du tribunal, qui doit statuer en chambre du conseil après avoir entendu le ministère public.

VI. Le délaissement n'est que l'abandon de la possession.

VII. Le tiers détenteur peut délaisser même après les trente jours tant que la saisie n'est pas faite.

VIII. Lorsqu'il s'agit des intérêts de plus de trois ans, les créanciers hypothécaires ne peuvent en exiger du tiers-détenteur payant, qu'autant qu'ils ont pris des inscriptions particulières.

IX. Le tiers-détenteur peut répéter intégralement les impenses nécessaires qu'il a faites sur l'immeuble détenu.

X. Le tiers-détenteur n'a ni un droit de rétention, ni un privilége pour la répétition de ses impenses, mais un simple droit de créance.

PROCÉDURE CIVILE

DES RÈGLES GÉNÉRALES SUR L'EXÉCUTION FORCÉE DES JUGEMENTS ET ACTES

(Cod. de proc., art. 545 à 556.)

Le but qu'on se propose en intentant une action n'est pas seulement la reconnaissance juridique et publique de son droit, c'est surtout l'exécution de la promesse, le payement de la dette ou la restitution de la chose qui vous appartient. Si l'on n'avait pas attaché aux décisions juridiques des moyens coercitifs pour en amener l'exécution, elles eussent été illusoires ; rarement en effet le condamné se fût soumis volontairement à ces décisions. Aussi, le Code de procédure a-t-il imaginé certaines règles de contrainte, que nous allons rapidement examiner.

I. — *De la formule exécutoire et de l'abolition du pareatis.*

L'art. 545 ainsi conçu: « Nul jugement ni acte ne » pourront être mis à exécution, s'ils ne portent le même » intitulé que les lois et ne sont terminés par un mande- » ment aux officiers de justice» met par suite au même rang les jugements et les actes; la raison en est que les conventions légalement formées font la loi entre les parties. Elles doivent donc avoir entre ceux qui les ont formées la même autorité qu'un jugement, pourvu qu'elles aient été rédigées par un officier public compétent. Cette force exécutoire sera imprimée tant aux jugements qu'aux actes, par l'insertion de la formule exécutoire et cette insertion sera faite par les délégués du pouvoir exécutif, c'est-à-dire les greffiers ou les notaires. Lorsque cette condition aura été remplie et que les significations exigées par les art. 147 et 148 auront été faites, l'acte ou le jugement emporteront exécution à laquelle on pourra procéder sans recourir à l'autorité des magistrats, à moins cependant lorsqu'il s'agit d'un jugement, que le débiteur n'ait recours à l'opposition ou à l'appel. Dans ce cas, l'exécution sera suspendue si le jugement n'est pas exécutoire par provision. Cette formule a pour effet de rendre exécutoire dans tout le territoire français les jugements qui en sont revêtus sans *visa* ni *pareatis*. L'art. 547 du Code de procédure qui contient cette disposition abroge par là un usage de l'ancien droit. Autrefois l'arrêt d'un parlement n'était exécutoire que dans son ressort; pour l'exécution dans le ressort d'un autre parlement, il fallait le faire revêtir d'un *visa* ou *pareatis* émanant de la chancellerie centrale ou de la chancellerie du parlement dans le ressort duquel on voulait faire exécuter l'arrêt.

C'est cette nécessité du *pareatis* que l'art. 547 a abolie. Cependant l'art. 28 de la loi du 21 ventôse an XI, exige la légalisation des actes du notaire pour en permettre l'exécution en dehors du territoire soumis à leur compétence.

Il n'y a ici qu'une similitude apparente entre cette

légalisation et le *pareatis* ; elle n'a, en effet, pour but que de certifier la véracité de la signature du notaire. Du reste, lorsqu'il s'agit de la légalisation d'un acte notarié, c'est le président du tribunal dans le ressort duquel est établi le notaire qui en est chargé ; au contraire, la nécessité du *pareatis* étant fondée sur le défaut d'autorité d'un parlement dans le ressort d'un autre, il devait être donné par le chancelier du parlement dans le ressort duquel on voulait exécuter l'arrêt de l'autre parlement.

II. — *De l'exécution en France des jugements et actes étrangers.*

L'art. 546 décide que les jugements rendus par les tribunaux étrangers et les actes reçus par les officiers étrangers ne seront susceptibles d'exécution en France, que dans les cas prévus par les art. 2123 et 2128 du Code civil.

L'imperfection des jugements rendus par les officiers étrangers tient à l'extranéité des magistrats, qui n'ont pas le pouvoir de donner à leurs décisions la force exécutoire. Ces jugements seront rendus exécutoires en France dans deux cas : 1° lorsqu'il existe un traité entre la France et le pays où le jugement a été rendu, qui attribue aux jugements rendus dans ce pays la force exécutoire en France; 2° lorsque le jugement rendu à l'étranger a été rendu exécutoire en France par un tribunal français.

Dans cette dernière hypothèse, on considère les jugements étrangers comme de véritables sentences arbitrales. Mais les *sentences arbitrales* sont rendues exécutoires par une ordonnance du président du tribunal de première instance, tandis que pour les jugements étrangers, c'est le tribunal en entier qui les rend exécutoires. Il en est ainsi parce que les sentences arbitrales ont force de chose jugée et que le président est tenu d'insérer la formule exécutoire ; tandis que le tribunal peut très-bien se refuser à rendre exécutoire le jugement rendu à l'étranger.

Il résulte de ceci que la formule exécutoire d'une sentence arbitrale est une formalité tandis que celle d'un jugement étranger est le résultat d'une appréciation des tribunaux. Point de difficultés jusqu'à présent. La question controversée est celle de savoir si le tribunal français doit rendre le jugement rendu par le tribunal étranger exécutoire sans réviser le jugement entier ou s'il doit préalablement le reviser.

Cette question, qui a donné lieu à un grand nombre de systèmes, doit, suivant moi, être tranchée par la distinction suivante : Le tribunal étranger a-t-il statué en faveur d'un français, le tribunal français doit se borner à le rendre exécutoire ; a-t-il jugé contre un français, le tribunal français doit le réviser. Telle était la distinction du Code Michau, telle est croyons-nous la règle que l'on doit encore suivre.

Quant aux conventions entre parties, rédigées par un officier public étranger, elles ne sont nullement exécutoires en France ; l'officier n'a pu leur donner ce caractère à moins toutefois qu'il n'y ait des lois politiques ou des traités qui accordent aux officiers publics de ce pays le droit de conférer aux conventions qu'ils rédigent la force exécutoire. Ces conventions ne sont cependant pas nulles ; mais elles ne valent que comme actes sous seing privé, c'est-à-dire que le créancier devra citer le débiteur devant un tribunal français qui examinera l'affaire au fond. La procédure s'instruira sur assignation et jamais sur simple requête. Alors ce sera le jugement français et non la convention faite à l'étranger qui sera exécutoire.

III. — *Des règles à suivre sur l'exécution des jugements.*

Lorsqu'un jugement s'exécute contre la personne condamnée, aucune difficulté ; en effet, si le condamné a interjeté appel ou fait opposition, en cas de jugement par défaut, il pourra facilement arrêter les poursuites de l'autre partie ayant en mains les preuves de l'appel ou de l'opposition. Mais tous les jugements ne s'exécutent pas ainsi ; il se peut que celui qui a obtenu un jugement l'exécute contre une tierce personne. Comment cette personne pourra-t-elle savoir s'il a été interjeté appel ou fait opposition ? Ce sont les formalités que le législateur a établies dans ce cas pour protéger les tiers que nous font connaître les art. 548, 549 et 550 du Code de procédure.

Ces articles nous citent l'exemple d'un jugement ordonnant la radiation d'une inscription hypothécaire. C'est au conservateur que celui qui a obtenu le jugement ira et devra demander la radiation. Cet exemple n'est pas le seul ; ainsi le même danger se présentera pour un jugement prononçant mainlevée d'une opposition à un mariage. Le tiers ne devra exécuter le jugement que sur la présentation de certaines pièces. Prenons l'exemple d'un jugement ordonnant la radiation d'une inscription hypothécaire. Le conservateur avant d'exécuter le jugement devra exiger la présentation ; 1° d'une expédition du jugement ; 2° d'un certificat de l'avoué constatant que le jugement a été signifié et la date de la signification ; 3° d'un certificat du greffier constatant qu'il n'existe sur le registre, prescrit par l'art. 163 du Code de procédure, aucune opposition ni aucun appel.

L'art. 549 nous dit que pour mettre le greffier à même de refuser ou délivrer le certificat, l'avoué de l'appelant fera mention de l'appel sur les registres du greffe. Quel est l'avoué de l'appelant? Est-ce l'avoué près la cour d'appel que l'appelant a dû constituer pour occuper son appel? D'après l'art. 549 pris à la lettre, ce serait cet avoué. Mais évidemment ce n'est pas ce qu'a voulu dire la loi, c'eût été occasionner des frais inutiles; c'est donc l'avoué qui a occupé en première instance.

Ici se présente une question très-controversée. A quelle époque pourra-t-on exiger de la tierce personne l'exécution du jugement en présentant les pièces exigées par la loi? Le pourra-t-on avant l'expiration des délais d'opposition, s'il s'agit d'un jugement contradictoire en dernier ressort? La question est de la plus grande importance; supposons en effet un jugement [ordonnant la radiation d'une inscription hypothécaire; si, avec le certificat négatif délivré par le greffier et les autres pièces, la partie qui a obtenu gain de cause peut exiger l'exécution avant l'expiration des délais d'appel, nonobstant la réformation du jugement en appel, l'inscription hypothécaire aura été radiée et le nouveau jugement ne pourra lui rendre son rang primitif. Ceux qui soutiennent que le tiers peut être forcé à exécuter le jugement sur le vu des trois pièces, sans attendre l'expiration des délais d'opposition ou d'appel, s'appuient sur les art. 163, 164 et 548 du Code de procédure, qui, pris à la lettre, n'exigent aucune autre formalité. De plus, disent-ils, cette manière de voir est en rapport avec les principes qui permettent d'exécuter le jugement contre la partie condamnée, nonobstant la possibilité d'appel ou d'opposition.

A ces argumeuts on peut répondre que si la loi a permis ainsi l'exécution contre la partie condamnée, c'est qu'elle a entre les mains les moyens de défense, et que, si elle n'en use pas, c'est à elle seule qu'elle pourra imputer le défaut d'emploi de ces moyens. Le tiers, au contraire, ne les a pas à sa disposition et ne peut savoir si, au moment où on réclame de lui l'exécution des jugements, il n'a pas été formé appel ou opposition. De plus, l'art 548 exige que, dans son certificat, l'avoué mentionne la date de la signification. Quelle serait l'utilité de cette disposition, si ce n'était pour que le tiers puisse constater si les délais sont expirés ou non. Enfin, comme dernière raison, on invoque l'art. 2157 du Code civil, spécial, il est vrai, à la radiation d'hypothèque, mais qu'il faut généraliser, lequel dit formellement que cette radiation ne pourra avoir lieu qu'en vertu d'un jugement en dernier ressort ou passé en force de chose jugée.

Les art. 163, 164 et 548 du Code de procédure s'appliquent également aux tribunaux de commerce.

L'art. 551 reproduit la disposition de l'art. 2213 du Code civil, avec cette différence dans le texte que l'art. 2213 permet de procéder à toutes les poursuites jusqu'à l'adjudication, tandis que l'art 551 permet seulement de saisir.

D'après l'art. 553, c'est le tribunal civil dans le ressort duquel s'exécute le jugement rendu par un tribunal de commerce qui est compétent pour statuer sur les questions d'exécution des jugements.

Dans le cas où des incidents qui exigeraient une solution rapide s'élèveraient dans l'exécution du jugement, le tribunal du lieu peut prendre une décision provisoire permettant de continuer l'exécution, sauf au tribunal qui est compétent à prendre ensuite connaissance du fond (art. 554). Dans l'hypothèse d'une saisie immobilière et autrefois quand il y avait lieu à contrainte par corps, l'huissier doit se pourvoir d'une procuration spéciale. C'est donc dans le but de protéger la propriété que la loi exige cette formalité et le débiteur auquel l'huissier ne représenterait pas cette procuration serait fondé à provoquer la nullité des poursuites.

POSITIONS

I. La question de savoir si le Tribunal français doit reviser ou non le jugement étranger dépend de celle de savoir s'il a été rendu pour ou contre un Français.

II. En cas d'exécution poursuivie contre un tiers, le créancier n'est pas obligé d'attendre l'expiration des délais de l'opposition ou de l'appel.

Vu par le Président de la thèse,

DEMANTE.

Vu par le Doyen de la Faculté

G. COLMET-D'AAGE

[illegible]

[illegible]
[illegible]
[illegible]

[illegible]
[illegible]

[illegible]

[illegible]
[illegible]